I0115533

1

Voor Cassie – die het allemaal mogelijk heeft gemaakt

Voor Peter & voor Haesun – eindeloze bronnen van inspiratie en groei

Voor al mijn cliënten – van wie ik al die jaren geleerd heb

Meneer Beer wil lief gevonden worden

en andere verhalen

over een makkelijkere

manier van veranderen

voor kinderen en

hun ouders.

Dr. Paolo Terni, PCC
Illustraties van Laurie Barrow
Vertaling door Ella de Jong, M.Ed.

All text copyright © 2012 Paolo Terni.

All rights reserved. No part of this book may be reproduced in any form or by any electronic or mechanical means, including information storage and retrieval systems, without permission in writing from the author, illustrator and/or publisher, except by a reviewer who may quote brief passages in a review.

Library of Congress Cataloging-in-Publication Data

Terni, Paolo
Mr. Bear Wants to Be Loved / Paolo Terni

ISBN 978-0985592073 (pb)
1. psychologie – kind– ouderschap – verhalen 2. psychologie

Over de schrijver:

Paolo Terni, Ph.D., PCC , Solution-Focused Leadership Coach en Organizational Consultant.
Sinds1997 helpt Paoplo Terni cliënten (leiders, professionals, teams en organisaties) zich te ontwikkelen, veranderen en te presteren zo goed als ze kunnen. Hij maakt gebruik van wetenschappelijk gebaseerde praktijksituaties.
Van oorsprong Italiaans, woont Paolo nu met zijn vrouw in Northern California, USA.
Op Paolo's website www.briefcoachingsolutions.com kun je meer informatie vinden over hem, zijn publicaties en hoe hij je kan helpen om de verandering die je graag wilt ook werkelijk te realiseren.

Inhoud:

Introductie

Dit boek is bedoeld om jonge lezers kennis te laten maken met een aantal simpele manieren om tot verandering te komen. Het boek toont manieren om anders te denken over problemen. In dit boek staan negen verhalen.

- Drie verhalen met aannames over verandering.

- Drie verhalen die ingrediënten beschrijven die nodig zijn om verandering te laten plaatsvinden.

- Drie verhalen waarin strategieën verduidelijkt worden die gebruikt kunnen worden om te veranderen.

Opbouw

Elk verhaal gaat gepaard met:

- *Aanwijzingen* die (uitdrukkelijk) het doel van het verhaal verhelderen.

- *Vragen* die zeer bruikbaar kunnen zijn om verandering te bewerkstelligen volgens het in het verhaal beschreven prinicipe.

- *Quotes* die een samenvatting geven van de belangrijkste opvatting die in het verhaal gepresenteerd wordt.

- *Suggesties* om te lezen en zodoende meer te leren over de belangrijkste opvatting (het model – idee) die in het verhaal gepresenteerd wordt.

Personages

In dit boek volgen we Vrouw Olifant en Professor Aap terwijl ze personages die verandering willen in hun leven, helpen.

Professor Aap heeft heel goede intenties. Hij probeert de inwoners van het bos te helpen op de traditionele of probleem gerichte, manier.

Vrouw Olifant bedoelt het ook heel goed. Zij helpt de inwoners van het bos door ze zelfverzekerd te maken, gebruik makend van een Oplossingsgerichte Aanpak.

Disclaimer

Veel strategieën gepresenteerd in dit boek zijn gebaseerd op de Oplossingsgerichte Aanpak. Oplossingsgerichte handvatten zijn bedoeld om te gebruiken in gesprekken waarin samen gewerkt wordt aan betere uitkomsten en niet als aparte 'recepten' voor verandering.

Toch gebruikte ik deze handvatten als basis voor veel verhalen om het verschil in manier van denken over veranderen te illustreren. Ik hoop dat ze bruikbaar zijn voor de lezers.

De grote golf pakken:
de zwemmer en de surfer

Aanname nr. 1: Nuttige veranderingen gebeuren, altijd.

Vrouw Olifant en Professor Aap genieten op het strand van de zonsondergang.

Professor Aap zegt: "Kijk, Vrouw Olifant! Een zwemmer!"

Ja, daar, in de woeste golven, zie je een zwemmer.

Met krachtige zwemslagen, slag na slag, komt de zwemmer langzaam dichter bij het strand.

Met grote inspanning lukt het de zwemmer om tegen de golven te vechten.

Professor Aap zegt: "Hard vechten en veel inspanning. Zo ontstaat verandering."

Vrouw Olifant zegt: "Kijk, Professor Aap, een surfer!" En, ja, daar is een surfer op de woeste golven.

Snel en elegant komt de surfer op het strand af.

'Rijdend' op de golven; het lijkt wel of het de surfer bijna geen moeite kost.

Vrouw Olifant zegt: "Op de oppervlakte blijven en surfen op de grote golven, ondertussen gebruik maken van hun kracht om jezelf vooruit te brengen.

Veranderen hoeft niet zo moeilijk te gaan. Veranderen kan makkelijker gemaakt worden."

Aanwijzingen:

Bij zwemmen komt 'verandering mogelijk maken' volgens de traditionele manier goed tot uiting: gebruik kracht om te veranderen wat niet werkt; gebruik pure wilskracht en spierkracht om vooruit te komen.

Bij surfen komt een andere manier van 'verandering mogelijk maken' tot uiting : ontdek hetgeen je gebruiken kunt; maak gebruik van wat werkt.

Surfers gebruiken niet alleen pure spierkracht om vooruit te komen. In plaats daarvan zien ze de meest geschikte golf die hen vooruit zou kunnen helpen en gebruiken ze die.

De golven zijn een metafoor: zaken die 'onze kant' op gaan. Het valt ons zelden op, maar er zijn altijd zaken die in de richting gaan van de kant die wij graag op willen. Surfen op de golven is een metafoor voor het gebruik maken van nuttige veranderingen die al plaatsvinden.

Meestal hoeven we niet dieper te graven in problemen om oorzaken te vinden. We hoeven alleen te observeren wat er reeds gebeurt en wat werkt – en dat inzetten.

Nuttige vragen:

• Wat zouden de eerste kleine signalen zijn waardoor je merkt en weet dat dingen iets beter gaan?

• Wat zou je dan anders doen? Wat je nu niet doet. Wat zullen andere mensen merken aan jou? Hoe zullen ze reageren?

• Wat was er beter vandaag? Wat is er nog meer beter?

• Zijn er kort geleden momenten geweest waarop de dingen gingen zoals je ze wilde, voor een tijdje of een klein beetje ? Wat gebeurde er? Wat deed je anders dan voorheen?

Quotes:

Niemand stapt ooit in dezelfde rivier voor de tweede keer; de rivier is niet meer hetzelfde en de persoon is ook niet meer dezelfde persoon.
— *Heraclitus*

Het hele universum is pure verandering en zo ook het leven hoe je het ook beschouwt.
— *Marcus Aurelius*

Aangezien cliënten sowieso zullen veranderen, in positieve zin of in een negatieve richting; het is onze zaak om op de uitkijk te staan voor positieve veranderingen zodat ze in die richting blijven gaan.
—*Peter Szabó*

Belangrijk inzicht*:

Nuttige veranderingen gebeuren, altijd.

Lees ook:

Brief Coaching for Lasting Solutions, Insoo Kim Berg, Peter Szabó
Hoofdstuk een: "Getting Started".

Vader Vogel bouwt een nest

Aanname 2: De probleemoplosser is de expert.

Vader Vogel wil iets geweldigs bouwen voor zijn lieve vrouw, moeder Vogel. Hij gaat naar Professor Aap en vraagt hem om advies "Professor Aap, ik wil een heel speciale plek maken voor mijn vrouw. Hoe doe ik dat?"

Professor Aap vertelt Vader Vogel hoe makkelijk dat is: "Je moet gewoon een groot huis voor haar bouwen."

Vader Vogel antwoordt: "Ik weet alleen hoe je nesten kunt bouwen. Hoe bouw je een huis?"

Professor Aap zegt: "Dat is makkelijk! Graaf een gat. Maak dan een sterke fundering. Daarop maak je muren van hout. Daarna maak je ramen en daarna een dak!"

Maar Vader Vogel is klein!

Zijn bek kan geen gat graven.

Zijn kleine pootjes kunnen geen muren maken.

Hij heeft nog nooit eerder een huis gemaakt! Hij weet alleen hoe je nesten bouwt!

Vader Vogel vliegt verdrietig weg.

Vader Vogel gaat nu naar Vrouw Olifant en zegt: "Vrouw Olifant, ik wil een heel speciale plek maken voor Moeder Vogel. Hoe doe ik dat?"

Vrouw Olifant vraagt aan Vader Vogel: "Hoe zou die speciale plek voor Moeder Vogel er uit zien?"

Vader Vogel antwoordt: "Oh, het zou helemaal glimmen en glanzen! Maar ik weet niet hoe ik een huis moet maken!"

Vrouw Olifant vraagt: "Vader Vogel, wat kan je wél bouwen?"

Vader Vogel antwoordt trots: "Ik kan hele mooie nesten bouwen!

Mijn bek pakt twijgjes.

Mijn kleine klauwtjes houden me goed vast aan een boom zodat ik de twijgjes mooi kan weven.

Ik weet hoe je een nest kunt maken!"

Vrouw Olifant vraagt: "Vader Vogel, hoe zou je een glimmend en glanzend nest maken?"

Vader Vogel antwoordt: "Ik zou hier en daar wat glimmende dingen tussen de twijgjes stoppen als ik aan het weven ben.

Hier een stukje glanzend glas.

Daar een glimmend kauwgompapiertje.

Het zou super mooi worden!"

Vader Vogel heeft zijn antwoord gevonden en vliegt opgewonden en vrolijk weg.

Aanwijzingen:

De persoon die het probleem ervaart is de expert in zijn of haar leven — niemand anders.

De persoon die het probleem ervaart weet ook of een oplossing past bij zijn of haar situatie en waarden.

De oplossing geopperd door de persoon die het probleem ervaart is een duurzame en zelf-versterkende oplossing aangezien het gebaseerd is op de vaardigheden en de doelen van die ene persoon.

Nuttige vragen:

- Stel je voor dat opeens dit probleem verdwijnt. Wat doe je dan anders?

- Hoe ziet de oplossing voor dit probleem er uit? Waar moet de oplossing aan voldoen?

- Wat heeft voor jou goed gewerkt in het verleden, toen je je in een soort gelijke situatie bevond? Wat nog meer?

- Waar ben je goed in? Wat zouden je vrienden antwoorden op de vraag waar jij goed in bent? Hoe kan je dat inzetten in deze moeilijke situatie?

Quotes:

Cliënten weten alles van hun wereld, die absoluut uniek is. … [Stukjes advies] zullen nooit precies passen in de wereld van de cliënt.
— *Peter Szabó*

Iedereen beleeft de wereld op een eigen, unieke manier.
Er zijn geen twee mensen hetzelfde … geen twee mensen die dezelfde zin op dezelfde manier uitleggen … Probeer daarom geen mensen te laten passen in een concept waarvan jij denkt dat het goed voor ze zal zijn.
— *Milton Erickson*

Ondanks de moeilijkheden van het leven, hebben alle mensen krachten (innerlijke bronnen) die ingezet kunnen worden om de kwaliteit van hun leven te verbeteren.
— *Insoo Kim Berg*

Belangrijk inzicht:

Ieder mens is expert van zijn eigen leven.

Lees ook:

Interviewing for Solutions, Peter De Jong and Insoo Kim Berg
Hoofdstuk een: "From Problem-Solving to Solution-Building".

Uitdagingen:
Jorik, Gijs en de waterval.

Aanname 3:
Oefening is nodig, talent doet er niet toe. — Iedereen kan veranderen.

Jorik en Gijs zijn twee zalmen.

Het lukt Jorik om over de waterval te komen.

Jorik denkt dat het hem lukte omdat hij heel slim is.

Jorik wil ook graag over de volgende waterval om te zien wat daar is.

Maar de waterval is hoog.

Jorik is bang dat het hem niet gaat lukken als hij het probeert.

Jorik is bang dat hij stom is als het hem bij de eerste keer proberen niet lukt.

Dus kiest Jorik er voor om het niet te proberen.

Hij blijft wonen in zijn kleine meer en vraagt zich altijd af wat daar achter is.

Het lukt Gijs om over de waterval te komen.

Gijs denkt dat het hem gelukt is omdat hij hard werkte.

Gijs wil ook graag over de volgende waterval om te zien wat daar is.

Maar de waterval is hoog.

Gijs is niet bang dat het hem bij de eerste keer proberen niet zal lukken.

Gijs weet dat het dan niet betekent dat hij stom is.

Het betekent alleen maar dat hij zijn best moet blijven doen en iets zal moeten veranderen.

Dus kiest Gijs er voor om het nog eens te proberen.

Het lukt hem de eerste keer niet; er ligt een groot rotsblok links!

Nu hij dit weet, probeert hij het nog een keer en springt naar rechts!

Het lukt! Hij is nu in een heel ander, groter en fijner meer, verder stroomopwaarts.

Nieuwe uitdagingen en ontdekkingen wachten op hem!

Aanwijzingen:

Wat vakmensen 'experts' maakt is de hoeveelheid praktijkervaring ten opzichte van de 'gemiddelde' vakmensen.

Onderzoek wijst uit dat je, om een expert in iets te zijn, zeker 10.000 uren moet oefenen, c.q. trainen. Moedig anderen aan om te oefenen, oefenen, oefenen.

Als je nooit fouten maakt, probeer je ook nooit iets nieuws. Bevorder bij anderen een groeiende mindset waar fouten maken gezien wordt als onderdeel van leren en beter worden; een essentieel onderdeel van oefenen.

Om een groeiende mindset te bevorderen, waardeer dan de moeite en het werk wat verzet is, niet het resultaat of de karaktereigenschap.

Nuttige aanwijzingen:

- Ik ben zo onder de indruk van je inzet!

- Gefeliciteerd! Je hebt gewonnen! Je harde werk heeft zich uitbetaald!

- Ook al heb je niet gewonnen, ik ben onder de indruk van je grote inzet. Wat heb je geleerd? Hoe kan je je inzet iets bijstellen zodat je de volgende keer een beter resultaat behaalt?

Quotes:

Er is geen falen, slechts feedback.
— *Robert Allen*

Leer door te doen. Maak makkelijk fouten zodat je snel leert.
— *Peter Sims*

Er is iets in me dat me motiveert en energie geeft doordat ik mezelf zie verbeteren. Zo is het nu, na zes Olympische medailles en vijf wereldrecords. En zo was het ook toen ik in 'junior highschool' (onderbouw van het v.o., E. de Jong) zat en net begon met atletiek.
— *Jackie Joyner-Kersee*

Belangrijk inzicht:

De groeiende mindset.

Lees ook:

Mindset, de weg naar een succesvol leven, Carol S. Dweck.
Talent is overrated - What Really Separates World-Class Performers from Everybody Else, Geoff Colvin
Hoofdstuk vier: "A Better Idea"; Hoofdstuk vijf: "What Deliberate Practice Is and Isn't".
Duitse vertaling: ***Talent wird überschätzt.***
Little Bets - How Breakthrough Ideas Emerge from Small Discoveries, Peter Sims.

Meneer Beer wil lief gevonden worden.

Ingrediënt voor verandering nr.1: Vertrouwen — je kan het!

Meneer Beer zit langs het pad.

Zijn hoofd ligt op zijn poten, hij is erg verdrietig.

Professor Aap ziet hem en zegt, "Hallo, Meneer Beer! Waarom ben je verdrietig?"

Meneer Beer antwoordt, "Omdat alle dieren bang voor me zijn."

Professor Aap vraagt, "Waarom zijn ze bang voor je? Wat heb je gedaan?"

Meneer Beer schrikt en zegt, "Ik heb niks verkeerds gedaan, Professor Aap! Ik ben een aardige beer, ik houd van alle dieren in het bos! Ze zijn bang voor me omdat ik … een beer ben!"

"Tja, dat ben je inderdaad!" stelt Professor Aap.

En na deze woorden gaat hij weer weg.

Dan komt Vrouw Olifant.

Meneer Beer zit nog steeds langs het pad.

Hij legt zijn hoofd weer op zijn poten en ziet er nu nog verdrietiger uit.

Vrouw Olifant loopt voorbij en zegt, "Hallo, Meneer Beer! Wat is er aan de hand?"

Meneer Beer antwoordt, "Ik ben verdrietig omdat ik een beer ben en alle dieren bang voor me zijn."

Vrouw Olifant vraagt vriendelijk, "Ben ik bang voor u, Meneer Beer?"

Meneer Beer antwoordt, "Nee, Vrouw Olifant — maar u bent zo groot!"

Vrouw Olifant vraagt, "Professor Aap is kleiner dan u. Was hij te bang om met u te praten?"

"Nee, dat was hij niet!" antwoordt een iets vrolijker Meneer Beer.

Vriendelijk vraagt Vrouw Olifant, "Vader Vogel is zelfs nóg kleiner. Toen hij van plan was een huis te bouwen, was hij toen te bang om u om hulp te vragen?"

"Nee, dat was hij niet!" antwoordt Meneer Beer.

Vrouw Olifant vraagt nog meer, "Mevrouw Wasbeer is bang voor u. Weet zij dat u de kleine besjes voor haar laat staan als u bessen zoekt?"

Meneer Beer antwoordt, "Nee dat weet ze niet. Maar ik kan het haar vertellen!"

Meneer Beer staat op en begint te dansen! Hij lacht en heeft zin in de dag!

Vanaf die dag heeft Meneer Beer nooit meer verdrietig aan de kant van de weg gezeten.

Omdat hij nu besef dat veel dieren niet bang voor hem zijn, durft hij van de andere dieren te houden en ze te vertellen dat hij dat doet.

Als iemand in het bos hulp nodig heeft, gaan ze naar Meneer Beer.

Meneer Beer is nu een erg vrolijke beer.

Samen met Mevrouw Wasbeer zoekt hij nu naar bessen.

Opmerkingen:

Het vertrouwen in het feit dat verandering kan plaatsvinden kan flink vergroot worden door simpel te wijzen op nuttige veranderingen die al gaande zijn.

Als mensen zich realiseren dat ze al in de goede richting aan het veranderen zijn, misschien nog maar een heel klein beetje, groeit hun vertrouwen in het feit dat het ze zal lukken om de verandering compleet te maken.

Vertrouwen omtrent veranderen kan makkelijk en snel bereikt worden door middel van het geven van complimenten: trek de aandacht indirect naar hetgeen ze goed doen, wat ze in het verleden goed hebben gedaan, of naar hoeveel ze al gedaan hebben om het punt te bereiken waar ze nu staan.

Nuttige vragen / stellingen:

- Wat zou je fijn vinden als dat blijft gebeuren in je leven?

- Wat gebeurt er in je leven waardoor je kunt zeggen dat dit probleem opgelost kan worden?

- Zijn er kort geleden tijden geweest waarin kleine aanwijzingen er op duiden dat deze verandering al gaande is in je leven?

- Hoe heb je dat gedaan? Waar heb je dat geleerd?

- Ik ben erg onder de indruk hoe je …

Quotes:

Waar we aandacht aan schenken en hoe we dat doen bepaalt de inhoud en waarde van ons leven.
— *Csíkszentmihályi Mihály*

De meest belangrijke zaken voor ons kunnen verborgen blijven doordat ze zo logisch en simpel zijn. (Je kunt niet in staat zijn om iets op te merken - omdat het altijd voor je ogen aanwezig is.)
— *Ludwig Wittgenstein*

Vertrouwen is hetgeen we nodig hebben om kleine stappen te maken richting verandering.
— *Peter Szabó*

Belangrijk inzicht:

Geef complimenten om vertrouwen te vergroten.

Lees ook:

Coaching Plain and Simple, Peter Szabó, Daniel Meier
Hoofdstuk twee: "Useful Assumptions for Being Brief".
Duitse vertaling: ***Coaching – erfrichend einfach.***

Mijnheer Zwijn en wat hij in de toekomst graag wil.

Ingrediënt van verandering nr.2: Aantrekkingskracht van de geschilderde toekomst.

Professor Aap botst bijna tegen Mijnheer Zwijn op.

"Hallo, Mijnheer Zwijn!", zegt een opgewekte Meneer Aap.

"Dag, Professor Aap," antwoordt meneer Zwijn.

Professor Aap vraagt: "Wat is er aan de hand, Mijnheer Zwijn? U ziet er verdrietig uit."

Mijnheer Zwijn antwoordt:, "Och, ik ben het zat om steeds maar met mijn neus in de grond te moeten wroeten voor eten."

Professor Aap vraagt: "En waarom bent u dat zat?"

Mijnheer Zwijn antwoordt: "Het is zo donker in het bos waar ik eten kan vinden. Zucht."

Professor Aap vraagt: "Waarom is het donker in dat bos?"

Mijnheer Zwijn antwoordt: "Omdat daar heel veel bomen, struiken en dikke bladeren zijn."

Mijnheer Zwijn voelt zich erg verdrietig en gaat door met eten zoeken.

Professor Aap gaat weg en vindt dat meneer Zwijn erg vreemd doet.

Dan loopt Vrouw Olifant voorbij.

"Hallo, Mijnheer Zwijn!" zegt een vrolijke Vrouw Olifant.

"Dag, Vrouw Olifant", zegt Mijnheer Zwijn.

Vrouw Olifant stopt en informeert bezorgd: "U ziet er verdrietig uit, Mijnheer Zwijn. Wat is er aan de hand?"

Mijnheer Zwijn zucht en zegt: "Och, ik ben het zat om steeds maar in dit donkere bos met mijn neus in de grond te moeten wroeten voor eten."

Opeens pakt Vrouw Olifant Mijnheer Zwijn met haar slurf op en zet hem voorzichtig hoog in een boom, op een stevige tak.

Mijnheer Zwijn is erg verrast!

Vanaf de tak kan hij heel ver kijken.

De wolken zijn zo mooi in de blauwe lucht!

Het zonlicht is zo warm en glanzend!

Mijnheer Zwijn ziet nu dat daar in de verte — ja, daar, op de heuveltop — velden met bessen zijn, zo groot als hij ze nog nooit gezien heeft! Hij voelt zich helemaal blij!

Snel en behendig pakt Vrouw Olifant Mijnheer Zwijn op en zet hem voorzichtig weer op de grond.

Helemaal opgetogen verklaart Mijnheer Zwijn dat hij nu weet wat hij moet doen om blij te worden. "Dank u, Vrouw Olifant!"

Mijnheer Zwijn maakt de lange tocht naar de heuveltop en leeft daar lang en gelukkig — genietend van de mooie blauwe lucht, het uitzicht en de sappige bessen.

Opmerkingen:

Aandacht voor de toekomst zoals we die graag zien, maakt dat we denken over *wat we willen* (in plaats van wat we niet willen.)

Aandacht voor de toekomst die we graag willen, maakt dat we beginnen te denken aan *manieren om daar te komen* (vs. waarom we vastlopen.)

Aandacht richten op wat we *anders doen* in een toekomst die we graag voor onszelf willen, maakt dat we de benodigde veranderingen ervaren alsof ze **werkelijk** kunnen gebeuren.

Nuttige vragen:

• Wat wil je dat er gebeurt in plaats van wat nu gebeurt?

• Als je stopt met X [problematisch gedrag], wat doe je dan in plaats van X?

• Stel, het lukt je om zo ver te komen. Wat is dan het verschil? Wat ben je - anders - aan het doen? Wat zien mensen je anders doen dan voorheen?

• Stel, er gebeurt vannacht, terwijl je slaapt, een Wonder en alles waar je je zorgen om maakt is zomaar opeens verdwenen. Maar omdat je sliep heb je niet gemerkt dat er een Wonder gebeurd is. Wat zijn de eerste kleine dingen waaraan je merkt dat er een Wonder gebeurd is? Wat nog meer? Wat doe jij anders? Wat merken de mensen aan jou?

• Kies zomaar een dag en doe net alsof het Wonder gebeurd is. Hoe reageren anderen op je? Wat doen zij anders dan voorheen?

Quotes:

Praten over problemen creëert problemen, praten over oplossingen creëert oplossingen.
— *Steve de Shazer*

Door verandering te creëren … we willen zogezegd een postkaart van onze bestemming — een helder, levendig plaatje van de nabije toekomst dat laat zien wat er mogelijk is.
— *Chip en Dan Heath*

De meest zinvolle manier om te beslissen welke deur geopend kan worden om bij een oplossing te komen is door een beschrijving te krijgen van wat de cliënt anders doet en/of welke dingen er gebeuren die anders zijn als het probleem opgelost is om op die manier de verwachting van gunstige verandering te creëren.
— *Steve de Shazer*

Belangrijk inzicht:

Creëer aantrekkelijke en gedetailleerde beelden van de toekomst in plaats van diep te graven in het probleem.

Lees ook:

More Than Miracles — The State of Art of Solution-Focused Brief Therapy,
Steve de Shazer, Yvonne Dolan and others
Hoofdstuk drie: "The Miracle Question".
Interviewing for Solutions, Peter De Jong and Insoo Kim Berg
Hoofdstuk vijf: "How to Amplify What Clients Want".

Juffertje Eekhoorn en de beek.

Ingrediënt voor verandering nr. 3: Duidelijkheid omtrent de volgende stap.

Juffertje Eekhoorn probeert over te steken.

Maar de beek is zo breed!

En zij is zo klein!

Toch wil ze absoluut de overkant bereiken.

Professor Aap ziet haar en wil helpen.

Hij zegt: "We moeten goed nadenken zodat we er achter komen waarom je niet kunt oversteken.

Misschien heb je een boot nodig …

Misschien moet je eigenlijk groter zijn …

Misschien moet je eerst leren zwemmen …

Misschien moet je het écht willen …"

Maar al het nadenken help niet!

Juffertje Eekhoorn weet nog steeds niet hoe ze de overkant kan bereiken en nu heeft ze ook nog hoofdpijn!

Vrouw Olifant komt er aan.

Het zou heel gemakkelijk zijn voor Vrouw Olifant om Juffertje Eekhoorn op haar rug te nemen en naar de overkant te dragen.

Vrouw Olifant weet echter dat Juffertje Eekhoorn klein is maar ook erg vindingrijk.

Vrouw Olifant loopt naar haar toe en krijgt daardoor natte poten.

"Lief Juffertje Eekhoorn!" zegt Vrouw Olifant, "Ik merk dat je al in de beek staat! Ik moest in de beek stappen om te komen waar jij bent.

De steen waar je nu op staat is al een deel van de beek die je wilt oversteken!"

"Dat is waar!", zegt Juffertje Eekhoorn,

"Ik sprong van die steen naar die en naar die! Drie sprongen!"

Glimlachend zegt Vrouw Olifant: "Hmm, ik ben onder de indruk van je sprongkunsten, Juffertje!"

"Dank u!" zegt Juffertje Eekhoorn met een grote glimlach.

"En als je zou blijven springen?", vraagt Vrouw Olifant.

"U hebt gelijk!" En terwijl ze springt zegt Juffertje Eekhoorn: "Ik zou op deze steen kunnen springen...

En dan op deze stronk...

En dan weer op deze steen...

Ik kan een sprong maken naar de overkant!"

En het lukt Juffertje Eekhoorn om de beek over te steken!

Juffertje Eekhoorn bedankt Vrouw Olifant en verdwijnt in het bos aan de overkant.

Vrouw Olifant vind het erg fijn om te zien hoe Juffertje Eekhoorn het op eigen kracht voor elkaar heeft gekregen. Ze wandelt tevreden verder.

Opmerkingen:

Help mensen om de verandering in kleine stappen te verdelen; het ziet er beter haalbaar uit op die manier.

Help mensen om heel duidelijk te zijn over hoe de volgende kleine stap er uit ziet; verwarring hieromtrent leidt tot verlamming.

Zorg dat mensen hun aandacht focussen op nieuwe aanwijzingen die hen vertellen dat ze op het goede spoor zitten. Mensen merken het direct wanneer ze van het pad afwijken. Het is daarentegen lastiger om (kleine) vooruitgangen die in de goede richting gemaakt zijn op te merken.

Nuttige vragen:

Op een schaal van 1 tot 10, waar 10 staat voor het volledig halen van je doel en je gewenste toekomst bereiken, en waarvan 1 voor het tegenovergestelde staat:

- Waar sta je nu? (X)

- Wat werkt goed? Wat maakt dat je bij X bent en niet bij 1?

- Hoe weet je dat je een kleine stap verder hebt gezet op onze schaal; waaraan merk je dat je bij X+1 bent?

Quotes:

Een reis van duizend mijl begint met een enkele stap.
— *Lao-Tzu*

Begin waar je nu bent en begin klein.
— *Rita Bailey*

Een cliché uit de zakenwereld: "leg de lat hoog". Maar dat werkt precies tegengesteld als je mensen wilt motiveren … je moet de lat laten zakken.
Zie het voor je: laat de lat van het hoogspringen zo laag zakken dat je er overheen kunt stappen.
— *Chip and Dan Heath*

Belangrijk inzicht:

Verklein de verandering.

Lees ook:

Switch: How to Change Things When Change is Hard, Chip and Dan Heath
Hoofdstuk zes: "Shrink the Change".
More Than Miracles — The State of Art of Solution-Focused Brief Therapy,
Steve de Shazer, Yvonne Dolan and others.

Mevrouw Wasbeer
en de bessen plek.

De weg van verandering nr. 1: Ontdek de goede uitzonderingen.

Mevrouw Wasbeer staart naar haar lievelingsplekje aan de andere kant van de weide.

Ze zucht.

Ze zag zojuist Meneer Beer bessen plukken en nu durft ze niet terug te gaan.

Professor Aap zegt dat ze zich geen zorgen hoeft te maken.

Hij vertelt: "Ik zal een vechter van u maken, Mevrouw Wasbeer. Ik zal u poot-boksen leren zodat u van Meneer Beer kunt winnen!"

Helemaal opgewonden springt Professor Aap al heen en weer.

Maar mevrouw Wasbeer is niet overtuigd.

Zij is te klein om te vechten met Meneer Beer!

Meneer Beer is zo groot en sterk!

Behalve Vrouw Olifant is niemand in het bos zo groot en sterk als Meneer Beer.

Vrouw Olifant loopt voorbij.

"Alstublieft, Vrouw Olifant" smeekt Mevrouw Wasbeer, "Wilt u me helpen om te vechten met Meneer Beer! U bent zo groot en sterk!"

"Waarom wil je vechten met die aardige Meneer Beer?", vraagt Vrouw Olifant.

Mevrouw Wasbeer antwoordt: "Nou, ik ben bang om naar mijn lievelingsplekje te gaan want Meneer Beer is daar bessen aan het plukken. Hij zal me opeten!"

"Tja, Mevrouw Wasbeer, ik ga niet vechten met Meneer Beer — maar ik zal met u mee lopen naar de bessenplek, is dat goed?", zegt Vrouw Olifant tegen Mevrouw Wasbeer.

Mevrouw Wasbeer is heel blij. Ze zegt: "Geweldig! Dank u wel! Niemand zal u aanvallen Vrouw Olifant. U bent zo groot!"

En dus lopen Mevrouw Wasbeer en Vrouw Olifant samen naar het bessenplekje.

Meneer Beer is nergens te zien.

Mevrouw Wasbeer merkt op: "Het is niet altijd gevaarlijk om hier te zijn. Meneer Beer is niet altijd hier!"

Mevrouw Wasbeer begint bessen te plukken. Alle grote bessen waar ze niet van houdt, zijn weg. Maar alle kleine bessen die ze zo lekker vindt, zijn er nog.

Mevrouw Wasbeer denkt na en zegt dan: "Ik denk dat ik vooraf kan weten of Meneer Beer hier geweest is — als de grote bessen weg zijn, is hij hier geweest! Als hij hier geweest is om de grote bessen te eten, dan zal hij voorlopig niet terugkomen!"

"Hmm, ik vraag me af waarom hij alleen de grote bessen eet." zegt Vrouw Olifant glimlachend.

"Inderdaad! Dat vraag ik me ook af." zegt Mevrouw Wasbeer terwijl ze heel blij van de bessen eet.

Opmerkingen:

Er is geen enkel probleem dat zich 100% van de tijd voordoet. Wat gebeurt er in de rest van de tijd?

Uitzonderingen op een probleem zijn momenten waarop mensen het probleem verwachten maar waarin de problemen niet voorkomen of in een veel mildere vorm. Door deze uitzonderingen met nieuwsgierigheid te onderzoeken kan het zijn dat mensen kiemen van oplossingen ontdekken.

Er is een groot verschil tussen "het is altijd erg" en "soms is het erg, soms is het niet zo heel erg". Wat is het verschil met de tijden dat het "niet zo heel erg" is; wat gebeurt er dan?

Handige vragen:

- Zijn er onlangs momenten geweest waarop je het probleem verwachtte en het zich niet voordeed of het iets minder erg was?

- Wat deed je anders? Hoe reageerden mensen daar op?

- Wanneer is het probleem geen probleem? Wat is de context? Wat doe je op zo'n moment, in die context, anders?

Quotes:

Er is geen enkel verband tussen de oplossing en het probleem.
— *Steve de Shazer*

Als je zaken probeert te veranderen, zijn er dingen die goed zijn die jij op jouw manier bekijkt. Als je leert om die te herkennen en te begrijpen, los je een van de fundamentele mysteries van verandering op: wát precies moet er anders gedaan worden?
— *Chip en Dan Heath*

Als ik focus op wat goed is, heb ik een goede dag en als ik focus op wat slecht is, heb ik een slechte dag. Als ik focus op het probleem, wordt het probleem groter; als ik focus op het antwoord, wordt het antwoord groter; duidelijker.
— *Alcoholics Anonymous*

Belangrijk inzicht:

In plaats van problemen te analyseren, bouw op gevonden uitzonderingen op de problemen.

Lees ook:

Interviewing for Solutions, Peter de Jong and Insoo Kim Berg
Hoofdstuk zes: "Exploring for Exceptions".
Switch: How to Change Things When Change is Hard, Chip and Dan Heath

Heer Uil en 'wat werkt'.

De weg naar verandering nr. 2: Als iets werkt, doe het dan vaker.

Het is schemerig. Heer Uil is vroeg wakker en gaat zijn aantekeningen doorkijken.

Hij bekijkt alles goed, schrijft heel veel op en bestudeert later wat hij heeft opgeschreven. Zo is hij het meest wijze dier in het bos geworden.

Professor Aap komt er aan.

Professor Aap stopt en vraagt: "Wat bent u aan het doen, Heer Uil?"

Heer Uil antwoordt, "Ik lees en leer zodat ik nog wijzer zal worden!"

Professor Aap zegt: "Hmmm, dat is mooi, maar u zou in de ochtend moeten studeren. Dat is wat iedereen doet."

Heer Uil gaat voortaan ook 's morgens lezen en leren.

Maar normaal gesproken is de ochtend het moment waarop Heer Uil gaat slapen.

Het ochtendlicht is te fel voor hem.

Er gebeurt zo veel overdag; het is te veel voor hem.

Dieren die gaan en komen, vogels die zingen … zijn hoofd tolt er van!

Na een paar dagen studeren in de ochtend is Heer Uil erg moe en slaperig.

Lezen en leren is nu heel moeilijk voor hem!

Dan loopt Vrouw Olifant langs.

Ze vraagt: "Wat bent u aan het doen, Heer Uil?"

Heer Uil geeuwt en antwoordt: "Ik probeer te studeren zodat ik nog wijzer word."

Vrouw Olifant zegt: "Hmm, dat is mooi, maar u ziet er moe uit!"

"Zzzzzzzz"

Heer Uil valt zelfs in slaap!

Vrouw Olifant stopt hem in bed. Als Heer Uil wakker wordt is het al avond.

Heer Uil heeft niet gestudeerd in de ochtend dus gaat hij gelijk aan de slag met lezen en leren.

Het gaat makkelijk in de avond!

Heer Uil is weer blij dat hij kan lezen en leren.

Heer Uil bedenkt dat hij wijzer is geworden door in de avond te studeren.

Dus, als hij nog wijzer wil worden, moet hij doorgaan met dingen doen die werken — blijven studeren in de avond!

Heer Uil is nu nog wijzer.

Je kunt hem nog steeds zien lezen en leren in de avond.

Hij woont in een boom. Hij heeft ook een kantoortje in de boom waar dieren naar toe komen als ze zijn wijze raad nodig hebben.

Heer Uil heeft op zijn deur een bordje gehangen: "Als iets werkt, doe het dan vaker!"

Opmerkingen:

De makkelijkste manier om succesvol te veranderen is door meer te doen van wat werkt.

Het lijkt zo overduidelijk, maar meestal zijn mensen gericht op datgene wat niet werkt, de 95 procent, waardoor ze vergeten om meer te doen van wat wel werkt, de overgebleven vijf procent.

Bouwen aan en vergroten van wat reeds werkt: dit vermindert het belang en de impact van wat niet werkt — en lost soms het probleem geheel op.

Handige vragen:

- Wat werkt? Doe daar meer van!

- Hoe kan je nog meer doen van hetgeen werkt?

- Wat wil je blijven doen van hetgeen werkt?

- Stel je doet nog meer van X omdat dat werkt. Wat zou er nog meer anders zijn/gaan?

Quotes: ***

Gebruik alleen datgene wat werkt en haal het overal vandaan waar je het kunt vinden.*
— *Bruce Lee*

Een oude Cherokee indiaan vertelde op een avond zijn kleinkind over de strijd die binnenin mensen gestreden wordt. Hij zei: "Kind, luister. Er vechten twee wolven in ons. De een is Kwaad. Het is boosheid, jaloersheid, zorgen, spijt, hebzucht, benijden, arrogantie, zelfmedelijden, schuld, haatdragendheid, inferieur, leugenachtigheid, valse trots, superioriteit en egocentrisme.
De ander is Goed. Het is vreugde, vrede, liefde, hoop, sereniteit, nederigheid, vriendelijkheid, welwillend, empathie, ruimhartig, goedgunstigheid, eerlijkheid, compassie en hoop."
De kleinzoon luisterde goed en vroeg na een paar minuten: "Welke wolf wint?"
De oude indiaan antwoordde: "De wolf die je te eten geeft."
— *Anoniem*

Belangrijk inzicht:

In plaats van proberen om te repareren wat niet werkt, doe meer van wat wél werkt.

Lees ook: **

Positivity, Barbara L. Fredrickson
Hoofdstuk twee: "Positivity: Means, Not Ends"; Hoofdstuk zes: "Bounce Back from Life's Challenges".

Brave Buffel
en de boomstronk.

De weg naar verandering nr. 3: Doe iets anders.

Brave Buffel is hard aan het werk .
Een omgevallen boom ligt op het pad. De boom ligt in de weg!
Brave Buffel is druk bezig om de boom weg te krijgen.
Boink! — hij ramt met zijn sterke horens tegen de boomstronk.
Boink! — steeds maar weer.
Boink!
In het hele bos kan je het geram horen.
Professor Aap ziet hoe hard Brave Buffel zijn best doet.
Professor Aap zegt: "Hmm, het kan wel weken duren voordat je deze boom weg krijgt, Brave Buffel! Maar het ligt jou in de weg, dus wat moet dat moet ..."
Deze woorden gezegd hebbend, loopt Professor Aap verder.
Boink!
Boink!
Boink!
Brave Buffel blijft tegen de omgevallen boom stoten met zijn krachtige horens.

Vrouw Olifant komt even kijken. Ze is nieuwsgierig geworden door de herrie die ze hoorde.

Boink!

Vrouw Olifant zou makkelijk voor Brave Buffel de omgevallen boom uit de weg kunnen halen met haar slurf. Maar ze weet ook dat Brave Buffel het zelf zou kunnen doen als hij tenminste iets anders zou willen proberen.

Vrouw Olifant vraagt aan Brave Buffel: "Schiet het al op?"

Brave Buffel is moe en zegt: "Niet echt!"

Vriendelijk suggereert Vrouw Olifant: "En als u iets anders zou proberen?"

Brave Buffel denkt en denkt. Hij denkt zo hard dat je bijna zijn hersenen kan zien.

Dan, opeens, begint Brave Buffel weer, hij richt zich op en loopt met een enorme vaart naar de omgevallen boom.

Vrouw Olifant zet zich schrap en verwacht de zoveelste ram tegen de boom.

Maar er komt geen ram — er komt wel een "Yi-ha!" van Brave Buffel die nu aan de andere kant van de boomstronk staat.

Hij is er gewoon overheen gesprongen!

Trots loopt Brave Buffel verder.

Ze zeggen dat hij het nu iedereen wil leren: als het niet bewegen wil, spring er dan maar gewoon overheen!

Opmerkingen:

Als mensen dingen doen die niet werken, help ze dan om iets anders te proberen.

Duidelijker kan het niet, zou je denken, en toch lopen mensen vaak vast omdat ze steeds het zelfde doen.

Het doel is niet om direct een oplossing te vinden; maar het doel is om patronen te doorbreken en nieuw gedrag uit te proberen. Als het begin van een oplossing niet gevonden wordt op de 'juiste plekken' in het verleden, botsen ze misschien tegen een begin van een oplossing op door iets anders te doen.

Nuttige vragen:

- De volgende keer als dit weer gebeurt, probeer dan iets nieuws, iets anders; maakt niet uit hoe gek. Wat is er veranderd? Hoe reageerden anderen? Wat werkt?

- Wat kan je nog meer anders doen?

- Wat doet je vriend(in) / ouder / zus / broer / idool, etc. anders in deze veranderde situatie?

Quotes:

De definitie van gekte is: steeds hetzelfde blijven doen en verwachten dat er verschillende uitkomsten zullen komen .
— *Onbekend*

Iedere verandering kan een mogelijkheid zijn om een probleem op te lossen.
— *Barry Duncan*

Door een compleet onverwacht element in het patroon te brengen kan een geheel nieuw patroon ontstaan.
— *Insoo Kim Berg, Yvonne Dolan*

Belangrijk inzicht:

Verander de actie van het probleem; doe iets heel anders.

Lees ook: **

Do One Thing Different: Ten Simple Ways to Change Your Life, Bill O'Hanlon
Deel een: "Changing the Doing of the Problem".
Tales of Solutions: A Collection of Hope-Inspiring Stories, Insoo Kim Berg and Yvonne Dolan
Hoofdstuk zeven: "Do Something Different:" Inviting Clients to Discover Unique Solutions

Wat is 'oplossingsgericht'?

Lang geleden leerden we dat als er een probleem is, er veel professionals tijd aan moeten besteden door erover na te denken, er over te praten en het te analyseren terwijl het lijden gewoon doorgaat. Een team van geestelijke gezondheid werkers bij the Brief Family Therapy Center (Milwaukee, USA) merkte op dat er ontzettend veel tijd, energie en ook veel hulpbronnen gebruikt worden om over de problemen te praten in plaats van na te denken over wat helpen zou om zo snel mogelijk oplossingen te vinden die realistische en redelijke verlichting bewerkstelligen.

We ontdekten dat problemen niet áltijd aanwezig zijn. Zelfs bij de meest chronische problemen zijn er tijden waarin de problemen niet aanwezig zijn of minder erg aanwezig. Door deze momenten te bestuderen, ontdekten we dat mensen tijdens die momenten veel positieve dingen doen waar ze zich niet (geheel) bewust van zijn . Door deze kleine succesjes te laten ontdekken en de succesvolle zaken te laten herhalen op de minder moeilijke tijden, verbetert het leven van deze mensen en worden ze zekerder van zichzelf.

En, natuurlijk, niks helpt een persoon meer dan kleine successen te ervaren en zo hoopvoller te worden over zichzelf en zijn/haar leven. Als mensen meer hoop ervaren, raken ze meer geïnteresseerd in het creëren van een beter leven voor henzelf en hun families. Ze worden hoopvoller betreffende hun toekomst en willen meer bereiken.

Omdat deze oplossingen zich soms voordoen en al aanwezig zijn in de persoon, is het makkelijker om dit succesvolle gedrag te herhalen dan een heel nieuwe set van oplossingen aan te leren die voor iemand anders misschien hebben gewerkt. En zo was het korte gedeelte geboren (Brief = kort). Aangezien het minder moeite kost, kunnen mensen meer bereid zijn om succesvol gedrag te herhalen en nog meer zaken te veranderen.

— *Insoo Kim Berg*
vertaald van de homepage van de Solution-Focused Brief Therapy Association (SFBTA)
http://www.sfbta.org/about_sfbt.html

www.ingramcontent.com/pod-product-compliance
Lightning Source LLC
Chambersburg PA
CBHW051347290326
41933CB00042B/3325